Marie-Elisabeth CAVE

BEAUTÉ

PHYSIQUE

DE LA FEMME

*Les hommes jugent si diffé-
remment de la beauté, que les
femmes ont plus gagné par l'art
de se faire aimer, que par ce
don même de la nature.*

BUFFON.

PARIS

PAUL LELOUP, LIBRAIRE-ÉDITEUR

Rue de Madame, 15, près St-Sulpice

Imprimerie de la Corporation des Abeilles
5, rue de la Paix

TOUS DROITS RÉSERVÉS

BEAUTÉ PHYSIQUE

DE

LA FEMME

BEAUTÉ

PHYSIQUE

DE LA FEMME

> Les hommes jugent si différemment de la beauté, que les femmes ont plus gagné par l'art de se faire aimer, que par ce don même de la nature.
>
> BUFFON.

PARIS

PAUL LELOUP, LIBRAIRE-ÉDITEUR

Rue de Madame, 15, près St-Sulpice

Au profit de la Corporation des Abeilles
4, rue de la Paix

INTRODUCTION

« MA BONNE GRAND'MÈRE,

« Jusqu'à présent j'ai passé pour être belle; eh bien, il me semble voir déjà ma beauté s'évanouir comme un songe et les rides envahir mon visage. Ne ris pas, j'ai autour de moi mille exemples de transformations pareilles, et tant de mes amies, pâlies et étiolées après quelques années de mariage justifient parfaitement mes craintes!

« S'il est un art que nous dussions posséder, c'est bien celui de conserver notre jeunesse et notre beauté; puisqu'il semble qu'une femme, par cela seul qu'elle est femme, doit être éternellement jeune, éternellement belle.

« Si j'en crois mon docteur, je dois renoncer aux longues veilles : « Ce « sont les bals, dit-il, qui tuent les « femmes : elles abusent de leur « jeunesse ; aussi à trente ans elles « sont souvent fanées. »

« Eh quoi ! pour conserver une jeunesse devenue stérile par l'usage que j'en ferai, faut-il renoncer aux plaisirs que l'on a créés pour elle ? surtout si l'on te connaît, et si l'on sait, comme moi, que tu as eu le rare talent d'allier la vie sérieuse à la vie élégante ; que tu n'as éludé aucun des plaisirs que mon docteur condamne ; que, malgré tant de nuits passées au feu des lumières, tu es encore presque aussi jeune que nous; et tu as de plus que nous, l'expérience et le savoir que les personnes de ta valeur savent récolter sur le chemin de la vie.

« Ainsi donc, c'est de toi seule que j'attends un conseil. Il n'y a que toi qui puisses me faire éviter le malheur que je redoute, toi qui es encore belle, toi dont tout le monde dit : La marquise est toujours jeune ! Doit-on s'étonner que mon grand père t'adore encore, lorsque tous nos jeunes gens t'admirent?

« Il faut que tu me donnes le secret de te ressembler toujours. J'étais ton portrait étant jeune fille, je veux qu'en me regardant on croie te voir encore ! Tu serais une mauvaise mère si tu ne descendais pas scrupuleusement en toi-même pour chercher à quoi tient ce prestige qui t'accompagne. Et comme ta bonté, ta volonté et ton intelligence sont supérieures à tout ce que j'ai vu, je ne puis croire que tant de précieuses qualités en toi réunies soient un effet du hasard. Tu dois les avoir sinon acquises, au moins conservées, perfectionnées par quelques moyens précieux dont toi seule as le secret, et c'est ce secret que je te demande ou plutôt que j'exige au nom de la tendresse que tu as pour moi.

« Donne-moi donc, bonne Grand' Mère, toutes les recettes que tu possèdes pour être belle, et moralement et physiquement, afin que j'entende toujours autour de moi ce murmure flatteur : « Oh ! que c'est bien là le portrait de la marquise de Morenthey ! »

« MARIE. »

BEAUTÉ PHYSIQUE

DE

LA FEMME

LETTRE PREMIÈRE

Ta curiosité de connaître les secrets qui conservent la jeunesse et la beauté, ton empressement à me les demander, m'ont fait supposer, ma chère enfant, que tu commences à comprendre que le mariage n'est pas une sinécure pour la femme; que, lorsque celle-ci est parvenue, non sans peine, à faire la conquête d'un mari, elle n'est arrivée qu'au commencement du commencement. Oui, chère enfant, la vie de la jeune fille cesse au moment même où la vie de la femme commence. La vie dans laquelle on reçoit est terminée; la vie dans laquelle on doit donner s'ouvre devant nous. Il en est de même pour le jeune homme qui se marie. Il ne reçoit plus : il doit donner pour subvenir à l'existence de sa femme et de ses enfants. Alors, il se courbe et se soumet à la première loi du monde qui a dit :

« L'homme travaillera la terre à la sueur de son front pour nourrir sa compagne et ses enfants. »

Cette même loi a dit encore :

« La femme enfantera avec douleur; elle sera sous la protection de son mari, qui la dominera. »

La femme accepte donc dans l'état du mariage : 1º Les douleurs physiques et morales de la maternité; 2° la domination de l'homme.

Ainsi, de même que l'homme par son travail, sa patience et sa résignation, cherche à tirer de la terre tout ce qu'elle peut lui donner pour accomplir sa mission, de même la femme doit, de son côté, se dévouer pour son mari et pour ses enfants, et trouver dans sa maternité et sa soumission volontaire la récompense d'un devoir bien rempli.

Observe bien ce que je vais te dire : L'homme, pour arriver au bonheur qu'il rêve, cherche par tous les moyens possibles à se placer au sommet de l'échelle sociale. Dès son enfance, son esprit et son intelligence sont mis en mouvement pour parvenir à ce but. Plus l'homme s'élève par la pensée, plus il s'éloigne du travail matériel.

C'est un des moyens détournés dont il se sert pour alléger le joug qui lui a été imposé en naissant.

Alors, d'esclave il devient maître. Eh bien, si la femme, à son tour, se donne autant de peine pour étudier et connaître son mari, pour le seconder et s'en faire aimer ; si elle met son intelligence, son esprit et son cœur à profit pour arriver à ce but, elle parvient au haut de l'échelle matrimoniale.

D'esclave, elle aussi devient maîtresse. Si la terre n'offrait pas à l'homme toutes sortes de charmes, tels que ses fleurs, ses fruits, ses ombrages, ses métaux précieux, ses perles fines, ses diamants, que sais-je ? elle ne l'attirerait pas vers elle.

C'est donc pour l'encourager au travail dont elle a besoin elle-même que Dieu l'a si richement dotée, il l'a faite coquette et féconde, afin que l'homme ne puisse ni se rebuter ni l'abandonner jamais.

Pour soutenir le courage de l'homme dans le travail dont elle a besoin elle-même, la femme, de même que la terre, doit user de toutes ses coquetteries, de toutes ses vertus, de toute sa fécondité de cœur et d'esprit pour le captiver, afin non-seulement qu'il ne se rebute pas et qu'il ne se lasse point, mais aussi afin qu'il soit glorieux et fier des efforts qu'il fait pour la rendre heureuse!

Pour obtenir ce résultat, chère fille, tu dois comprendre que c'est un devoir pour la femme de conserver avec soin les charmes de sa jeunesse et de sa beauté.

Ta demande n'est pas aussi légère qu'elle le paraît au premier abord.

L'homme étant esprit et corps, et l'esprit mourant avec le corps (je dis l'esprit, et non pas l'âme), il faut bien soigner ce corps dans lequel le Créateur s'est plu à renfermer les trésors de la pensée.

Je vais donc t'initier tout d'abord au premier secret, passablement prosaïque, qui conserve la santé — et partant la jeunesse et la beauté, — à cette séduisante machine qu'on appelle le corps humain.

Ce premier secret, car il y en a beaucoup d'autres, est, ma chère enfant, d'une grande simplicité : il repose sur une seule vertu, le respect de soi-même et la plus scrupuleuse propreté sur toute sa personne.

Je me trouve obligée d'entrer dans certains détails parfaitement vulgaires, mais l'importance de la question est au-dessus de toute susceptibilité.

Je ne te parlerai pas seulement de la toilette du matin, mais aussi, et plus particulièrement, de celle du soir. Tu comprendras facilement que, si tu te couches avec la poussière que tu as reçue dans la journée sur la figure, sur le cou et sur les mains, lorsque le sommeil apportera ses moiteurs, les pores de la peau s'ouvriront, et c'est alors que la poussière changera de nom, après avoir pénétré sous l'épiderme. Il faut donc enlever cette poussière,... avant qu'elle ait changé de nom.

De même, si tu négligeais de nettoyer régulièrement tes dents, elles pourraient retenir quelques parcelles d'aliments qui, en se dénaturant, enlèveraient à coup sûr la fraîcheur de l'haleine.

Les résultats sont quelquefois plus graves, et les dents elles-mêmes peuvent se gâter par suite d'une pareille négligence.

N'oublie pas aussi que tu dois chaque soir défaire ta coiffure, donner de l'air à tes cheveux, passer la brosse dessus, et éviter la transpiration de la tête. Pour ce dernier point, je te recommande les bonnets en filet pendant l'été.

Il faut, en un mot, faire sa toilette complète, ne ménager l'eau en aucune manière et se sécher ensuite avec de la poudre de riz à la violette. C'est un moyen efficace pour retrouver la fraîcheur et le velouté de la jeunesse que l'on perd plus ou moins dans la journée. Rien ne prépare mieux pour une bonne nuit que cette toilette rafraîchissante.

Tu auras soin que ton lit soit entretenu de linge très-blanc, car, si tu poses ta figure sur un oreiller qui ne soit pas intact, tu lui prendras nécessairement ses souillures. — La toilette de nuit est donc un *luxe* nécessaire, et ce mot ne s'applique ni aux broderies ni aux dentelles, mais au linge bien blanc, ce qui est à la portée de tout le monde. L'eau est la seule chose que l'on trouve partout. On ne la paie pas dans les villages; on la paie peu dans les villes, lorsqu'on se la fait apporter.

Ce bienfait de la Providence ne nous dit-il pas clairement que la propreté est tout à la fois la santé et la beauté de la femme?

Si tu portes de la flanelle, chère enfant, remplace-la le soir par une légère mousseline. Il n'est pas sain de garder pendant la nuit ce que l'on a porté pendant le jour. Il est très-important aussi d'exposer tous ses vêtements à l'air. Ne laisse jamais dans ta chambre rien qui ait une odeur ; et, si l'on passe la soirée chez toi, si ta chambre a été habitée dans la journée, fais ouvrir tes fenêtres un instant avant de te mettre au lit.

Cela, c'est de l'hygiène. L'hygiène, c'est la santé ; la santé, c'est la jeunesse. Toutes ces habitudes, ma chère Marie, il faudra les faire prendre à tes enfants, afin que ton mari ne soit pas dégoûté d'eux en les embrassant, chose fort essentielle. Cette extrême propreté te sera d'ailleurs utile à toi-même, en diminuant le nombre de tes rivales. C'est un moyen qui en vaut bien un autre ; car c'est un grand art aussi dans le mariage, de faire aimer exclusivement les qualités que l'on possède soi-même.

LETTRE DEUXIÈME

Nous avons dit : l'hygiène, c'est la santé; la santé, c'est la jeunesse ; donnons donc au corps le calme et l'élasticité nécessaires; afin que la santé puisse s'y épanouir.

Pour cela, il ne faut pas négliger le bain, que nous appellerons de propreté hygiénique et pour lequel le savon est nécessaire. Le savon a été considéré comme de première nécessité, puisque sa fabrication remonte à des époques très-reculées.

Dans les dernières fouilles faites à Pompéï, on a découvert une fabrique de savon.

Du reste Jérémie parle du savon

lorsqu'il s'écrie : « Laves-toi tant que tu voudras, depuis les pieds jusqu'à la tête, avec du savon de toutes les senteurs, ton iniquité restera toujours marquée devant moi. »

Tu vois, chère enfant, que dans ce temps on se savonnait déjà tout le corps comme au temps de Charlemagne qui avait un savonnier parmi ses serviteurs.

Il est très-facile et très-simple de se savonner soi-même, le savonnier ou la savonnière pourraient bien dégoûter du savonnage ; et rien n'est plus vite fait que ce savonnage qui doit avoir lieu une fois par semaine.

Dans l'été aucune précaution n'est nécessaire, mais dans l'hiver, il faut que le cabinet de toilette, l'eau et le linge soient chauds.

Les grands bassins plats de nos jours

sont très-commodes, dans ma jeunesse je n'avais qu'un grand bain de pieds en faïence bleue qui décore aujourd'hui mon jardin.

Un sceau d'eau à côté, une grosse éponge dedans, jeter toute cette eau sur soi dès que le savon est mousseux, est l'affaire de deux minutes. S'envelopper ensuite d'un peignoir parfumé.

Mais comment parfumer le linge ?

L'enfermer tout simplement pendant l'été dans une caisse avec des plantes aromatiques de l'odeur que l'on préfère, et dans l'hiver, faire brûler une pastille dans l'endroit où il chauffe. Le linge parfumé mis sur le corps humide l'imprégne d'une bonne odeur.

Une pastille bien faite ne doit répandre que les corps odorants qui entrent dans sa composition.

Ces bains-là sont tellement bons, que je les ai vu appliquer en Allemagne à un enfant de six semaines. On le couche sur une flanelle et on le savonne en le retournant de tous les côtés. — Cette friction lui donne tant d'élasticité et de vigueur que généralement elle le fait marcher de très-bonne heure et le rend robuste.

Je t'engage donc à en faire usage pour tes enfants. Il est donc bon que la propreté devienne pour l'homme une nécessité de sa vie, il n'est même vraiment propre qu'à cette condition. La paresse est si dominante chez nous, que l'habitude seule la soumet et la brave.

Un des signes distinctifs de la jeunesse c'est la souplesse; il y a des personnes qui deviennent raides comme des bâtons en prenant des années. Si elles avaient fait usage des frictions savonneuses et aromatisées, je crois qu'il n'en serait pas ainsi. D'autres auraient peut-être évité les rhumatismes, puisque le savon est dit-on une chose excellente contre les douleurs ankylosantes qui portent un caractère de vieillesse si prononcée.

Dans l'été, lorsqu'il plaît de se rafraîchir plus souvent par ces lotions, le vinaigre aromatique a pour résultat d'entretenir la fermeté des tissus, de les tonifier. Il nettoie aussi la peau et agit comme astringent sur les muqueuses. Il ne faut jamais joindre le savon au vinaigre, dans ce cas l'eau acidulée coagule le savon sur place dans les pores de la peau, les acides gras du savon ne sont plus enlevés par l'eau, ils durcissent et peuvent produire de vives inflammations.

Tu vois combien il faut être prudente dans tout ce dont on se sert pour la peau. Nous aurons souvent l'occasion d'en parler.

La qualité du savon n'est pas indifférente. Certains savons laissent après eux une sensation onctueuse et veloutée ; d'autres, au contraire, une sensation âpre et sèche. Eh bien, c'est ainsi qu'il faut les juger et non s'en rapporter aux noms qu'ils portent, il y a dans cette partie de la parfumerie des artifices de fabrication qu'il est cependant impossible d'éviter ; le savon ne peut se faire chez soi, à cause des ustensiles qu'il exige, mais je te donnerai à la fin de cette lettre la recette pour faire le vinaigre et les pastilles fumigatoires. Il est important que tu saches aussi, lorsque tu veux parfumer ton linge par l'odeur des plantes naturelles que cette odeur ne réside pas pour toutes dans les mêmes parties.

Chez les unes, c'est dans la racine comme dans le vetiver et l'iris; chez les autres dans le bois comme dans le santal et le cèdre ; dans la menthe, le patchouly et le thym, c'est dans la feuille ; dans la rose et la violette c'est la fleur; dans la fève tonka, la graine; dans le carvi, le fruit; l'écorce, dans la cannelle.

L'oranger a plusieurs odeurs, celle de sa fleur, celle de sa feuille, celle de l'écorce de son fruit.

Celle-ci est très-agréable pour l'hiver dans le linge puisqu'elle produit l'essence de Portugal un des parfums les plus agréables.

Je te donne tous ces détails, parce que rien n'est plus agréable que le linge qui sent bon par l'odeur des plantes naturelles.

S'approcher d'un lit ainsi parfumé, donne une idée du printemps, des gazons sur lesquels on se repose pendant la chaleur.

Pourquoi ne jouirions-nous pas par artifice du privilége des papillons qui ont des fleurs qui n'exhalent leur odeur que pendant la nuit.

Le parfum a une si grande importance dans l'art de se faire aimer physiquement et moralement que je t'en parlerai encore.

PASTILLES FUMIGATOIRES.

Benjoin	60 grammes.
Baume de tolu...............	8 —
Laudanum....................	4 —
Santal citron................	15 —
Charbon de papier...........	190 —
Nitre.......................	8 —

Prendre du mucilage de gomme

adragante une quantité suffisante pour faire du tout une pâte compacte. — On forme avec cette pâte des espèces de petits clous, on les fait dessécher à une basse température et on les allume par la pointe.

VINAIGRE HYGIÉNIQUE AROMATIQUE.

Eau	1,075 grammes.
Alcool à 85°	738 —
Essence de bergamotte	8 —
— de citron	8 —
— de Portugal	3 —
— de romarin	6 —
— de lavande	1 —
Néroli	1 —
Alcool de mélisse	125 —

Mêlez, agitez et après 24 heures ajoutez : teinture de benjoin, de tolu, de storax, de girofle, 15 grammes de chacun. Agitez de nouveau et ajoutez : vinaigre distillé 1/2 kilogramme. Filtrez dans un cornet de papier gris posé dans un entonnoir. — Après douze heures ajoutez : vinaigre radical 23 grammes.

P. S. — Généralement tu ne prendras que le quart de toutes les proportions que je te donne pour essayer.

LETTRE TROISIÈME

Je vais te parler aujourd'hui du cold-cream pour soigner la peau de ton visage, car, disons-le, la très-grande gaieté ride, ride d'une manière moins désagréable que la tristesse ; mais elle ride. La gaieté ayant une très-grande part dans l'art de plaire ; il ne faut à aucun prix la perdre. Ajoutons qu'elle est un signe distinctif de l'humanité, les animaux ne rient jamais. Tu es gaie, reste gaie, soigne-toi bien, voilà le conseil de ta grand'mère.

Avant de te servir du cold-cream que je te donne, il faut bien examiner si ta peau est grasse ou si elle est sèche.

Toute la question est là.

Les personnes qui ont la peau grasse

doivent toujours se servir d'eau très-chaude. Cela se comprend facilement : l'eau froide glisserait sans enlever la poussière, qui prend sur les peaux grasses, instantanément, disons-le très-vite, le vilain nom de crasse.

Ce qui fait croire généralement que l'eau très-chaude est nuisible, c'est qu'elle ne réussit pas aux personnes qui ont la peau sèche. Il y a une chose très-malheureuse en ce monde, c'est que personne ne veut se pénétrer de cette grande vérité : « Ce qui fait du bien aux uns fait du mal aux autres ; ce qui sied bien aux uns sied mal aux autres. »

Crois-tu que ce qu'on appelle la mode convienne à tout le monde ? Et cependant tout le monde obéit à la mode ; et cependant tout se fait au nom de la mode.

C'est ainsi qu'aujourd'hui la poudre de riz est admise dans la toilette de presque toutes les femmes, non pas au point de vue hygiénique, pour se sécher, comme je te l'ai indiqué, mais pour blanchir la peau.

Cela est une mode des plus pernicieuses à la beauté de certaines femmes ; je veux parler de celles qui ont la peau grasse et qui ont l'air véritablement plâtrées, à moins pourtant qu'elles ne se poudrent après s'être bien lavées avec de l'eau très-chaude.

La poudre figure assez mal aussi sur les peaux brunes.

En voici la raison :

L'avantage de la poudre est de laisser un velouté sur la peau. Eh bien, tu comprends, chère enfant, qu'un velouté blanc sur une peau brune fait de suite disparate. Il y a à l'instant même désaccord.

Il faudrait de la poudre colorée pour les peaux colorées ; mais les femmes ne consentiraient pas à en faire usage, parce qu'elles ne veulent généralement pas admettre qu'elles puissent avoir une peau brune.

Cependant les peaux brunes sont quelquefois d'une transparence et d'une finesse charmante. Il y a des teints verdâtres avec lesquels toutes les couleurs de fleurs s'harmonisent bien, parce que toutes les fleurs ont des feuilles vertes.

C'est une grande étude que celle des couleurs qui sympathisent avec le ton de la peau. C'est un grand art qui est presque la moitié de la beauté.

Je t'en ai déjà parlé (1). Aujourd'hui,

(1) *La Couleur*, 4 rue de la Paix, Corporation des Abeilles.

chère enfant; ne quittons pas le cold-cream et la poudre de riz. Tu vas tenir conseil avec tes amies, blondes et brunes, afin de vous éclairer mutuellement sur ce que vous avez à adopter pour conserver votre jeunesse et votre beauté. Et, si vous ne pouvez pas juger ce grand point, à savoir, si votre peau est grasse ou sèche, consultez vos médecins.

Le cold-cream n'agit d'une manière bienfaisante que sur les peaux sèches. C'est tout simple, puisqu'il vient remédier à un défaut d'élasticité de la nature, tandis que l'eau très-chaude agit en sens inverse sur les peaux grasses.

Ainsi le cold-cream est l'ami des premières, qui ont besoin de son secours ; mais il est pour les autres un ennemi dangereux et terrible. Il altère la santé de la peau et lui donne une vieillesse anticipée, contrairement aux idées de la femme qui en fait usage pour se conserver.

Une peau sèche est une peau qui supporte difficilement l'air, qui se tache, qui se hâle. Ce sont, dit-on, les plus belles peaux. De là il faudrait conclure que leur beauté nuit à leur bonté. Cela est vrai en tant de circonstances, que nous croirions presque que, dans ce cas aussi, c'est une vérité. Si, après avoir été mouillées, les peaux sèches sont soumises trop brusquement à l'influence du froid ou du chaud, elles se gercent et font souffrir leurs heureux possesseurs, puisque nous sommes convenus que les peaux sèches étaient belles.

Aujourd'hui je vais donner aux personnes qui ont la peau sèche la vraie recette du cold-cream; je dis la *vraie* parce qu'elle a conservé aux yeux de tout le monde une ravissante femme qui a paru jeune au delà de soixante ans.

Cette recette me vient indirectement de mademoiselle Mars, qui l'avait donnée à Eugène Delacroix parce qu'il souffrait des mains en hiver, lorsqu'il travaillait à ses magnifiques fresques de la chambre des députés. Eugène Delacroix était un des bons amis de mademoiselle Mars.

J'ai donc l'autographe de cette recette écrite par Eugène Delacroix sous la dictée de mademoiselle Mars.

Voici la copie textuelle :

Blanc de baleine...............	15 grammes.
Cire vierge....................	10 —
Huile d'amandes douces........	2 onces.
Eau de rose...................	1 — 1/2.

Il faut faire fondre le blanc de baleine et la cire vierge dans l'huile d'amandes douces au bain-marie, remuer le tout en tournant toujours du mèm côté avec une cuillère de bois toute neuve, qui ne doit servir qu'à cet usage.

Il ne faut cesser de tourner que lorsque le tout forme une crème blanche.

On retire du bain-marie cette crème, sur laquelle on verse l'eau de rose en tournant encore jusqu'à ce qu'elle soit froide. C'est alors qu'elle prend le nom de cold-cream, crème froide. C'est le moment de la mettre en pots.

Lorsqu'on ne veut pas la faire soi-même, il faut porter la recette chez le premier pharmacien venu, qui devient à l'instant même un excellent parfumeur.

Pour faire usage du cold-cream, il faut en mettre gros comme une amande sur un fichu de mousseline et l'étaler sur la figure et sur le cou, puis bien s'essuyer avec ce même fichu de mousseline.

Après cette première opération, il convient de prendre une houppe et de se poudrer la figure et le cou pour empêcher que la peau ne reste luisante. Mais n'oublie pas que cette poudre ne doit servir qu'à enlever un reste d'humidité. Il faut donc prendre, pour l'enlever, un fichu de mousseline ; autrement il en resterait toujours après la peau.

Cette précaution a deux avantages; elle empêche d'avoir l'air de mettre du blanc, ou de paraître avoir des dartres farineuses.

Si tu veux, ma chère petite fille, conserver ta peau belle, douce et fraîche, il ne faut jamais t'essuyer la figure et le cou qu'avec un fichu de mousseline, que tu te serves de cold-cream ou d'eau chaude. Cela est excessivement important ; une serviette irrite l'épiderme par le frottement.

Il faut que tu saches aussi qu'il y a des peaux qui ne sont ni trop grasses ni trop sèches.

Celles-là peuvent impunément se servir d'eau froide, se poudrer, aller au soleil et au vent. Mais, cependant, elles doivent toujours se servir du fichu de mousseline si elles ne veulent pas perdre les avantages dont elles jouissent. Je tiens cet usage d'une personne qui était dans ces dernières conditions : c'était ma mère, ton arrière-grand'mère, laquelle, à quatre-vingts ans, avait encore une belle peau.

C'est que dans le siècle de Louis XV on s'occupait beaucoup de l'art de se conserver.

LETTRE QUATRIÈME

Pour l'homme, une belle peau n'est pas absolument nécessaire ; mais pour la femme, il en est autrement. Le sexe sérieux aime tout ce qui est frivole, la jeunesse par-dessus tout, et la peau est ce qui la caractérise essentiellement ! avec toutes les qualités intérieures, c'est encore par son extérieur que la femme attire l'homme le plus souvent.

Ne nous dissimulons pas que la volonté du Créateur a dû être que l'homme fut subjugué par la femme sans réflexion. S'ils réfléchissaient tous les deux, qui attaquerait ? Cette perte de temps répétée dans la suite des siècles, aurait bien laissé des âmes sans corps?

La beauté a donc un but très-sérieux. Mais si je m'arrêtais à te donner uniquement des recettes extérieures pour la conserver et la conquérir, ton teint, ma chère enfant, pourrait bien devenir un des plus échauffés, des plus plombés, des plus défaits, des plus pâles, des plus troublés, avec une peau des mieux conservées.

Ce qui mesure la beauté du teint, c'est la santé. « A voir ton visage, je te dirais ce que tu manges, » a dit je crois Brillat-Savarin. Donc la cuisine que je t'ai déjà enseignée (1) dans le but de soigner l'estomac de ton mari, va te devenir d'autant plus précieuse qu'en même temps tu embellis ton teint. Tu

(1) Voir *la femme aujourdh'ui*, à la Corporation des Abeilles, 4, rue de la Paix.

cultives donc son amour en partie double.

Ces Messieurs sont si sensibles à l'article fraîcheur, que les femmes jalousent beaucoup les belles peaux et les beaux teints; c'est tout simple, c'est le seul point où il n'y ait pas de contestation.

Qu'une peau soit blanche ou brune, elle est belle, si elle est douce et bien portante.

Il faut donc une nourriture appropriée à son estomac et il faut prendre cette nourriture gaiement. Pour cela, bannissons du ménage les querelles à table; c'est justement pendant les repas que s'exhalent tous les griefs conjugaux.

Qu'en résulte-t-il? qu'ils recommencent le lendemain, parce que la digestion s'est mal faite, je te l'ai dit, en

te parlant cuisine, les mauvais esto-
macs engendrent les mauvais caractères,
les humeurs noires. Pas d'économie
sur la nourriture pour te donner de
belles robes, la plus belle robe, c'est
la peau. Songes-y lorsque tu commandes ton dîner, relis souvent ce que je
t'ai écrit là-dessus.

La peau qui n'est pas exposée au
contact de l'air a besoin pour être belle
d'être mouillée. Je t'ai parlé des bains
de propreté, parlons des bains de santé.
— Certaine nature supporte le bain
tiède ou chaud, long ou court. Généralement tiède et court pour les natures
délicates et blondes, long et chaud pour
les natures brunes et robustes.

Aussi les bains entiers doivent être
pris au son comme rafraîchissant, au
bi-carbonate de soude comme tonique.
Pour éviter le froid, la poudre de riz

devient de rigueur ainsi qu'une bonne frottée avec une serviette rude. Lorsqu'on est ainsi bien séchée, rien n'est meilleur que de se frotter toutes les articulations soit avec de l'eau de Cologne, soit avec de l'eau de lavande, pour donner aux membres de la souplesse et de la force. Généralemeut les deux essences se marient bien avec les odeurs qui parfument le linge, car il est bien entendu que notre linge est toujours parfumé.

Quant aux lotions froides, on doit consulter le médecin avant de les prendre ; car elles sont dangereuses s'il n'y a pas réaction. Et une réaction tous les jours peut devenir une énergie provisoire, un emprunt forcé sur l'avenir.

Les bains de mer sont tellement toniques, ils contiennent tant de substances différentes que la réaction y retrouve son compte, loin d'affaiblir, ils fortifient dans l'avenir. Aussi faut-il encore l'avis de son médecin pour ne pas se donner une indigestion de santé et savoir surtout le temps qu'on peut rester dans l'eau.

La règle générale est qu'il faut avoir chaud en sortant. Les uns se refroidissent très-vite dans la mer, les autres gardent leur chaleur très-longtemps. C'est à soi de juger la mesure de son bain et ne pas se laisser entraîner au plaisir de nager dans une circonstance aussi dangereuse pour la santé et la beauté. Pour la beauté un exercice trop prolongé des bras casse les fibres de la poitrine et cela est très-grave. Aussi, faut-il qu'une fille nage parfaitement bien à 12 ans pour éviter ce malheur; alors elle est portée et balancée sur l'eau sans effort, et plus tard quand elle devient femme, elle nage avec grâce. Mais observe bien que les efforts lui donnent l'air d'une grenouille, ce qui est peu poétique.

Pour la santé, c'est toujours avec le concours de l'hygiène que les choses extérieures agissent. Tu sais combien la maladie amollit les chairs, tu dois comprendre alors, qu'avec une santé irrégulière, la peau n'est pas ferme, la peau ferme appartient à la jeunesse et constitue la beauté. Les anciens appelaient la jeunesse Hebé et la beauté Vénus, ils les avaient personnifiées et leur élevaient des autels. Rien n'est changé, crois-le bien, les hommes sont toujours les mêmes. Aujourd'hui, ils adorent et personnifient sournoisement ces déesses dans la femme qu'ils aiment, sans en avoir l'air. Ils croiraient déroger de se réunir dans un temple pour rendre leurs hommages à des déesses en marbre. Il les leur faut naturelles. Sois convaincue que ces femmes-là ne se conservent qu'avec beaucoup de soins et d'observations.

Pas de paresse. Il faut toujours être en sentinelle devant elles et les garder jour et nuit ; car les ennemis sont dangereux.

Tu crois bien, n'est-ce pas, que si la beauté est si utile à la femme pour plaire à l'homme, le créateur doit l'avoir douée des instincts nécessaires à cette conservation. Dans l'antiquité, les femmes s'en occupaient sérieusement, elles portaient au temple d'Esculape toutes les recettes les mieux éprouvées ; et l'illustre Hippocrate ne les dédaigna pas. On les trouve dans ce code fameux qui a illustré son nom.

Il faut donc avec Baglivi choisir la

médecine librement. Qu'elle s'inspire d'Hippocrate ou de Gallien, d'Hahnemann ou de Broussais, peu importe, pour nous autres femmes le meilleur des systèmes est celui qui nous guérit vite et bien, sans laisser de trace. »

Bacon a dit : « tout homme à trente ans doit être son propre médecin. »

C'est l'âge justement où la femme doit être sur la brèche, c'est à trente ans que les ennemis se montrent, à quarante ans ils attaquent sérieusement et à cinquante ils ont pris la forteresse si elle n'a pas été bien gardée.

C'est en ces jours-là, que la place est encombrée sur la façade, de cheveux gris, de dents noires ou jaunes, de coupes-roses, de pattes d'oies, de rides en tous sens occasionnées par une maigreur jusqu'aux os ; ou de protubérances monstrueuses, arrivées avec une graisse sans limite.

Et si vous pénétrez à l'intérieur, vous voyez les rhumatismes, les gouttes, les catarrhes, les paralysies qui cherchent à prendre leur retraite.

Alors, adieu jeunesse, adieu beauté.

RECETTE DE L'EAU DE COLOGNE.

Alcool à 35°................	1 litre.
Bergamotte.................	2 gros.
Citron.....................	2 gros.
Romarin....................	1 gros.
Lavande....................	1/2 gros.
Benjoin....................	1/2 gros.
Neroli.....................	1/2 gros.
Thym......................	1/2 gros.

Mettre le tout dans la bouteille d'alcool. L'exposer au soleil, remuer la bouteille tous les jours pendant quinze jours et la laisser reposer ensuite quinze autres jours.

Filtrer l'eau très-doucement dans un entonnoir avec un papier gris.

EAU DE LAVANDE.

Les anciens employaient les fleurs et les feuilles de la plante pour aromatiser leurs bains et pour donner une odeur agréable à l'eau dans laquelle ils se lavaient, de là son nom générique de *lavendata*.

L'huile de lavande anglaise est plus fine et coûte plus cher que la française, mais elle se prépare de même. Pour faire l'eau de lavande,

Prenez : Huile de lavande anglaise ou
   française .... 115 gr.
   Alcool rectifié...... 3 litr. 40 centil.
   Eeau de rose...... 55 —

Filtrer l'eau de lavande comme l'eau de Cologne.

VINAIGRE VIRGINAL.

Vinaigre blanc.............. 250 grammes.
Benjoin pulvérisé............ 250 —

Mêlez ensemble pendant dix jours et puis filtrez.

LETTRE CINQUIÈME

Dès que tu doutes devant un tableau, s'il est d'un grand artiste, regarde les mains et ce doute cessera à l'instant même. Donner à la main l'expression de son sujet est ce qu'il y a de plus difficile à rendre, les maîtres seuls ont excellé dans cet art, aussi dessinent-ils tous une main de prédilection ; ce qui m'a fait te dire : C'est la signature de leurs tableaux et l'Amour signe leurs œuvres.

Si je me répète, c'est pour te faire comprendre l'importance de notre main dont il faut soigner la forme, le geste et la couleur.

Pourquoi dit-on généralement d'une personne qui a des mains remarquables, qu'elle le sait et qu'elle les montre ?

C'est que chaque pensée, chaque action, chaque parole a provoqué son geste particulier : on serre la main pour se dire adieu, on la tend en signe de réconciliation, on la lève au ciel pour prêter serment, etc. ; ce qui a fait dire à Voltaire : « Il faut instruire ses mains comme son esprit. » Enfin, depuis les temps les plus reculés on dit : donner sa main en mariage. Il doit y avoir dans cette expression quelques raisons antiques et solennelles d'une importance que les Hébreux ont dû définir quelque part.

Moi je crois que cette raison, que nous connaissons sans l'apprendre, est le trouble de notre cœur au premier serrement de main de celui que nous aimons. Il semble que notre âme entière passe au bout de nos doigts.

De même, baiser les mains est resté en usage chez nous, nos amis nous baisent les mains en signe d'adieux, on ne saurait donc trop les soigner. Les mains qui font de gros ouvrages sont rarement belles, conséquemment rarement embrassées et fort peu aristocratiques. Le travail et l'air sont donc les deux ennemis de cette aristocratie.

Tu comprends sans explication qu'il y a travail et travail, souvent les mains qui ne font rien sont maladroites et inintelligentes et tu sais mieux que personne que les mains intelligentes ont un charme irrésistible, elles prennent tout avec grâce, le mouvement est juste, l'expression distinguée, le geste noble, elles suivent la pensée, elles l'expriment. Elles arrivent donc en commun accord avec les yeux et la bouche pour colorer le langage. Aussi sont-elles sympathiques et inspirent-elles souvent de grandes passions.

Leur importance est donc de premier ordre, leur beauté ou leur laideur apparaît tout d'abord et la peau a une grande part dans l'effet qu'elles produisent.

Cette peau se soigne autrement que celle de la figure parce qu'on peut la couvrir, que moins on l'expose à l'air, plus longtemps elle reste belle. Le gant de peau de Suède a la propriété de la souplesse ; en lui coupant le bout des doigts, on peut s'accoutumer à peindre, à toucher du piano, à tirer l'aiguille avec lui.

Ce petit soin suffit à certaines mains en se servant de savon onctueux ; mais il y a des peaux sèches qui réclament autre chose. Celles-là, après les avoir essuyées, il faut les frotter avec le savon encore mouillé en y ajoutant un peu de colde-cream. Dès qu'elles ont absorbé cette espèce de petite pâte, les poudrer, les frotter et les remettre dans ses gants de Suède. Observons qu'il ne faut pas négliger d'essuyer les ongles de bas en haut, et les limer, les soigner avec beaucoup d'attention si tu veux avoir des mains aristocratiques.

Mais ajoutons bien vite, que la noblesse de la main dépend de la noblesse du cœur et de l'esprit puisqu'elle exprime sa pensée, aussi les mains sales d'une personne hors ligne sont encore plus nobles que les mains propres d'une personne vulgaire.

Les Lavater, les Carpentier, les Debarolles qui sont arrivés bien longtemps après les Sybilles, qui en savaient autant qu'eux sur les rapports de la main avec le caractère, s'inquiétaient peu de sa fraîcheur.

La main, tu le vois, n'est pas qu'une travailleuse, elle est humaine, aussi les animaux ont des pattes sur lesquelles on n'a pas encore cherché leur caractère, et on ne trouvera jamais que leurs écrits ressemblent à leurs pattes.

Soigne donc ta main, chère enfant; si celle de ta mère était si belle, c'est que je l'ai soignée dès l'enfance.

RECETTE CONTRE LES GERÇURES DES MAINS ET DES LÈVRES.

Beurre frais......................	125 grammes.
Cire vierge......................	30 —
Vin rouge fin...................	1 petit verre.

Faire fondre la cire et le beurre dans une casserole de fayence neuve. Laissez un peu de cire.

Faire chauffer le vin à part dans un vase de fayence neuf aussi.

Mêlez-le avec le beurre et la cire.

Laisser cuire le tout pendant un bon quart-d'heure. — Laisser refroidir ensuite dans la casserole.

Lorsque c'est assez froid pour former un pain sortez-le. Grattez bien le marc qui se trouve dessous ce pain et l'écume qui est dessus.

Faites refondre, écumez et mettez en pot.

PATE D'AMANDES AU MIEL POUR LES MAINS.

Amandes amères pilées........	32 grammes.
Miel...........................	64 —
Jaune d'œuf, un.	
Huile d'amande douce..........	64 —
Essence de bergamotte et de girofle, de chaque..................	1 g. 50 cent.

Il faut commencer par avoir ses amendes pilées comme de la poudre.

Broyez premièrement le miel et le jaune d'œuf ensemble; puis ajoutez l'huile petit à petit et enfin les amandes.

GELÉE A LA GLYCÉRINE.

Savon blanc mou.........	113 gr.
Glycérine pure............	170 —
En été : Huile d'amande douce...	1,500 —
En hiver : — —	2,000 —
Essence de thym.........	4 —

Mêlez le savon et la glycérine dans un mortier, puis ajoutez l'huile petit à petit. — Essence en dernier.

P. S. Je ne puis fermer cette lettre sans te parler des ongles ; car vraiment certaines personnes les portent en forme de griffes. Aristote avait remarqué comme nous, que les animaux qui ont des griffes ne sont pas sociables et ne vont pas en troupe. Ceci me fait remarquer que les femmes ayant par nature les ongles plus pointus que ceux de l'homme, ne sont pas créées pour être disciplinées et mises en troupe. Elles appartiennent à une race plus indépendante que celle de l'homme et c'est pour cette raison que l'homme cherche à en faire une esclave depuis le commencement du monde. Une femme prudente ne doit donc pas se donner des airs de chatte et de tigresse en portant ses ongles trop longs et trop pointus ; néanmoins, elle ne doit pas non plus faire patte de velours en les portant trop courts pour que la chair fasse bourlet. — Les soins à donner aux ongles sont bien simples : il faut les rogner de temps en temps avec un canif de préférence aux ciseaux qui les brisent, une lime fine est très bonne ensuite. En les laissant tremper un instant, à la température de l'air, la coupure s'opère plus facilement; de même pour les nettoyer, une brosse mouillée d'eau naturelle vaut mieux que le savon et les alcalins qui les amollissent d'abord et les rendent ensuite durs et cassants. Il faut aussi éviter de déchausser l'ongle en coupant trop courte et trop souvent la petite peau qui le recouvre à sa partie supérieure, qui s'appelle lunule. Le meilleur moyen est de remonter les chairs avec une serviette un peu rude et ne couper que la superficie.

LETTRE SIXIÈME

Tu connais aussi bien que moi, chère enfant, la différence des sentiments que l'on peut inspirer en tournant son esprit vers le bien ou vers le mal.

C'est-à toi de sentir, de t'approprier ce qui convient à ton organisation, car les amours, les amitiés que l'on inspire dans la vie, sont établis sur des bases si différentes, qu'il n'y a rien de moins absolu que l'art de se faire aimer.

Dans cet art, c'est le cœur qui parle au cœur, l'esprit qui parle à l'esprit, et comme ces deux mobiles sont excessivement variés, la bonté seule reste le point d'appui de ces deux grands leviers.

Inspirer de la passion est plus positif que d'inspirer de l'amour et de l'amitié.

Ainsi la peau, ainsi la main peuvent troubler les sens d'un homme, de même les cheveux, dont je vais te parler aujourd'hui.

Les cheveux étant un des plus beaux ornements de la nature humaine, les soins à leur donner sont de nécessité absolue. La propreté des cheveux est leur santé, leur santé c'est leur beauté, puisque c'est leur brillant et leur soyeux.

Eh bien, ce qui ternit certains cheveux fait briller les autres, le cheveu est donc, comme la peau, gras ou sec.

Il est nécessaire de nettoyer les cheveux gras avec un liquide et les cheveux secs avec un corps gras. Il faut poudrer les cheveux gras et les mouiller ensuite, puis enlever cette poudre mouillée avec un peigne fin.

Contrairement, il faut mettre le corps gras sur les cheveux secs, les poudrer ensuite, puis enlever cette poudre grasse avec un peigne fin.

Cette poudre devenue grasse ou mouillée, entraîne avec elle, toutes les pellicules de la peau et toute la poussière; alors les cheveux ne tombent pas, parce que la peau de la tête n'est pas grattée à sec.

L'eau et le corps gras. doivent être toniques ou rafraîchissants, suivant la nature de la personne

L'eau naturelle et l'huile naturelle sont ce qui convient le mieux aux têtes dont la peau est bien portante.

Ce sont les maladies de la peau de la tête qui font mourir les cheveux, et c'est lorsqu'ils meurent, qu'ils tombent ou qu'ils blanchissent.

Chercher, étudier soi-même, ce qui

convient à ses cheveux, les nettoyer simplemement lorsqu'ils sont bien portants, avec des choses naturelles; et les soigner lorsqu'ils sont malades, avec des toniques ou des rafraîchissants.

Pour les épaissir et les grandir, il faut les couper un peu du bout à toutes les nouvelles lunes. Ceci est pour les cheveux qui poussent comme les arbres dans une forêt, pour les chevelures luxuriantes et robustes, ces cheveux de naissance qui n'ont jamais été malades, qui ne se salissent même pas et qui alors sont égaux.

Mais pour les chevelures délicates, les cheveux très-fins qui tombent et repoussent sans cesse, il faut avoir le soin de couper aussi les petits cheveux qui reviennent, mais très-peu, et de même à toutes les nouvelles lunes.

Si de couper les cheveux à la Titus, et

souvent, était une bonne chose, les hommes seraient moins chauves que les femmes. Comme le contraire existe, concluons qu'il ne faut que les rafraîchir et les égaliser.

J'ai remarqué dans mes voyages que les pays où les femmes ont de beaux cheveux, ce sont les pays où elles s'en occupent, où elles y tiennent comme beauté ou comme lucre.

Donc, dire que les gens d'esprit, qui travaillent de tête n'ont pas de cheveux et les laisser aux imbéciles, est une erreur grave.

Le cheveu tient au cuir chevelu et non à l'intelligence, la preuve, c'est que la maladie fait tomber les cheveux et ce n'est pas généralement le moment que l'esprit choisit, soit pour composer un drame, soit pour composer un tableau. C'est le moment où les facultés prennent du repos, précurseur du repos éternel.

La chûte des cheveux tient donc à la peau et ce qui ferait présumer que l'eau et même l'eau et le savon sont salutaires à cette peau comme à celle du corps, c'est que généralement les cheveux qui restent les derniers sont ceux qui sont mouillés souvent, ainsi la nuque, ainsi les tempes que l'on mouille en se débarbouillant, en se baignant. Le sommet de la tête qui est rarement lavé, pour éviter le rhume de cerveau, est la partie qui devient chauve.

Le cheveu a sa poésie, c'est la seule chose qui conserve sa forme et sa couleur, c'est le seul souvenir qui reste de l'être qui s'éloigne de nous.

Une chose bien extraordinaire dans un bal, c'est de penser que sur la majorité des jolies têtes de femmes qui folâtrent, les cheveux des morts dansent avec elles et contribuent à les rendre plus belles, ils contribuent pour leur part à troubler les sens des vivants.

Tu le sais, les hommes généralement aiment les cheveux, et leurs goûts fort heureusement ne sont pas les mêmes. Les uns préfèrent la longueur, la quantité; les autres les aiment mieux courts, frisés et fins; puis il y a une variété de couleurs, de nuances qui donnent un charme extraordinaire à la figure. Car rien ne défigure comme les cheveux teints et les faux cheveux, et cependant les femmes en portent sans nécessité. Voilà qui n'est pas pardonnable.

Mais la mode! la mode! jusqu'où peut-elle porter la folie féminine, jusqu'à parer un front pur, un front d'ange, des cheveux d'une courtisane.

Ne te laisse pas aller à ces turpitudes, attends que les années te forcent aux emprunts.

J'ai eu un ami, tellement dégoûté de tout ce qu'il avait rencontré de mêlé à la chevelure des femmes qu'il rêvait l'amour avec une tête râsée. Il m'a dit : n'avoir jamais trouvé une femme qui voulût bien lui faire ce sacrifice. D'où le brave garçon concluait que les femmes tenaient plus à leur beauté qu'à leur amour. C'est, lui ai-je répondu, qu'il est enraciné chez elles de n'inspirer l'amour à ce sexe sérieux que par cette dite beauté, ce qui prouverait peut-être qu'elle est pour la femme le plus utile de tous les dons.

Aussi, soigner sa beauté ne doit pas plus déplaire au Créateur, que de soigner toutes belles choses venant de lui, les fleurs, par exemple. Ce qui lui déplaît c'est le mauvais usage que l'on peut faire de tout. Que tu cultives ton rosier sur ta fenêtre, ou ton visage devant la glace, si ton intention est pure, l'un est aussi bien que l'autre. Mais si la rose ou la beauté qui résultent de tes soins, sont pour les plaisirs et les regards d'un galant, l'un ne vaut pas mieux que l'autre. Tu vois comme les actes les plus innocents arrivent à devenir des crimes et à troubler le bonheur de la vie.

Je commence par te donner une eau pour les cheveux qui sont en bon état, c'est un parfum délicieux.

EXTRAIT VÉGÉTAL AU BOUQUET.

Eau de roses..........	1 litre 12 centilitres.	
Alcool rectifié.........	1 — 12	—
Extr. de fleurs d'oranger.	7	—
— de jasmin........	7	—
— de cassis........	7	—
— de rose.........	7	—
— de tubéreuse.....	7	—
— de vanille........	14	—

EAU ATHÉNIENNE.

Eau de rose......... 1 litre 125 centilitres.
Alcool............... 14 —
Bois de salsafras..... 32 grammes.
Pois de panama...... 32 —

Faire bouillir les bois dans l'eau de roses dans un vase de verre; puis, quand la décoction est froide, ajouter l'alcool. Mêlez et filtrez.

LOTION DE GLYCÉRINE ET DE CANTHARIDE POUR ARRÊTER LA CHUTE DES CHEVEUX.

Eau de romarin.......... 1 litre 12 centil.
Esprit de sel volatil......... 7 gram.
Esprit d'ammonjaque volatil. 7 —
Teinture de cantharides..... 14 —
Glycérine................ 53 —

On l'emploie deux fois par jour avec une éponge ou une brosse douce. Cette recette de Startin est reconnue très-utile.

LOTION POUR LES CHEVEUX, DU Dr LECOCK, MÉDECIN DE LA REINE D'ANGLETERRE.

Ammoniaque liquide....... 1 gr. 18 centigr.
Essence d'amande amère... 1 — 18 —
Esprit de romarin........ 9 — 11 —
Essence de macis......... 30 —
Eau de roses............. 25

Mêlez d'abord l'essence d'amande

amère avec l'ammoniaque ; puis après avoir ajouté l'essence de macis au romarin, remuez-les avec l'essence d'amande amère et l'ammoniaque ; enfin, introduisez l'eau de roses peu à peu.

On s'en sert comme d'une lotion une fois par jour, au moment de la toilette. C'est un mélange stimulant pour favoriser la pousse des cheveux et empêcher leur chute.

Voici une lotion américaine excellente.

EAU DE NEW-YORCK.

Teinture de feuilles de myrcia-acris	140 grammes.
Essence de laurier	1 77 centig.
Bicarbonate d'ammonniaque	28 grammes.
Bicarbonate de soude (borax)	28 —
Eau de roses	1 l. 13 centilitres.

Mêlez et filtrez.

HUILE POUR LES CHEVEUX.

Huile de ricin	125 grammes.
Esprit de vin	250 —
Essence de bergamotte	2 —
— néroli	2 —

Mêlez.

POMMADE CONTRE LA CHUTE DES CHEVEUX.

Suc de citron...............	4 grammes.
Extrait de quinquina........	8 —
Teinture de cantharides......	4 —
Huile de cade...............	23 décigrammes.
Bergamotte.................	10 gouttes.
Moelle de bœuf.............	60 grammes.

Avant d'employer cette pommade on lave la tête avec de l'eau et du savon. Le lendemain on fait une friction avec la pommade et on continue tous les matins pendant un mois ou six semaines.

Une lotion excellente pour se laver la tête, est l'eau et l'arnica.

Proportion, 4 gouttes pour une cuillerée d'eau.

LETTRE SEPTIÈME

Le moment étant arrivé de parler des dents; l'occasion se présente de chercher à les faire voir les plus blanches possible, afin d'atténuer les mauvaises paroles. C'est le moment de parfumer sa bouche pour tromper celui qui vous écoute.

Les lèvres minces passent pour être méchantes, c'est bien heureux qu'il y ait des signes extérieurs, car en vérité, une bouche qui paraîtrait bonne quand l'esprit et le cœur sont méchants, ce serait terrible. Il n'en est pas ainsi, pour un observateur l'expression de la bouche trompe peu. Les yeux sont de ce côté plus dissimulés. Mais restons aujourd'hui aux charmes extérieurs.

Les dents nous font souffrir et pour venir et pour s'en aller. C'est une beauté qui coûte cher. Aussi, n'y a-t-il pas de rangées de perles fines, qui ne s'échangeraient contre deux rangées de dents blanches enchassées dans des gencives roses, surtout lorsque de belles lèvres fraîches s'entr'ouvrent pour les laisser voir.

Veut-on se plaindre alors d'avoir une grande bouche ? Ces Messieurs sont là, pour vous rassurer bien vite, et vous faire comprendre que les mots petits et grands ne signifient rien, que c'est encore la forme, la couleur, la fraîcheur qui constituent la beauté de la bouche.

La forme et la couleur tiennent à la nature ; mais la fraîcheur tient aux soins et à la santé. Ainsi les gencives doivent être examinées avec la plus grande attention, car les maladies des dents commencent généralement par les gencives, témoins le scorbut. Aussi, les médecins américains, qui ont souvent à combattre cette maladie, s'occupent-ils sérieusement des gencives.

Ils savent qu'il y a des gencives qui doivent être soignées par les toniques, d'autres par les rafraîchissants, et le dentiste qui donne à toutes les bouches la même poudre et la même eau, condamne à l'instant même leur efficacité.

C'est pourquoi je conseillerai lorsque les dents se portent bien l'eau naturel et la poudre de charbon.

C'est donc encore par son médecin qu'il faut faire examiner ses gencives afin de savoir si elles sont bien portantes, ou si elles ont besoin d'être tonifiées ou rafraîchies. Vous le verrez quelquefois après cet examen, soigner votre estomac ou votre tête, et découvrir bien des symptômes qui auraient pu devenir des maladies ; ou bien votre poitrine qui se mêle aussi de retirer la fraîcheur à la bouche, si elle est malade ; ou encore le ventre qui lui joue des tours affreux, si la digestion n'est pas bien faite dans tout son parcours.

C'est l'occasion de te recommander, chère enfant, la lecture de la *Bouchée de Pain*, de Jean Macé. Je devrais te dire l'étude puisque nous sommes convaincus que l'estomac joue un grand rôle dans notre bonheur. En lisant ce livre, tu verras encore mieux que je n'ai pu te le faire comprendre en te parlant cuisine, combien il est important d'avoir une maîtresse cuisinière. Prêter son estomac et donner son argent à une élève pour qu'elle apprenne à vos dépens l'art de faire un bon dîner, en vérité c'est trop fort.

La santé étant le baromètre de la beauté, vous les sacrifiez toutes deux, pour cent ou deux cents francs par an. Triste économie.

Les poudres et les eaux dentifrices contribuent à entretenir l'appareil dentaire dans des conditions satisfaisantes et régulières. En les employant avec discernement et prudence, on peut prévenir quelques-unes des causes les plus fréquentes de la chute prématurée des dents, qui sont l'engorgement des gencives et la formation du tartre. En les raffermissant avec une préparation tonique et astringente, on pourra empêcher les gencives de devenir molles, flasques, spongieuses. De même, des frictions avec une brosse assez ferme empêchent l'accumulation du tartre. La salive trop acide a sur les dents une action plus ou moins destructive. Faire soigner sa bouche par son médecin habituel, est donc une excellente chose, il faut aussi lui soumettre les recettes avant de les mettre en usage, car ce sont des agents médicaux qui doivent faire mal, s'ils ne font pas de bien. Il faut aussi qu'il indique la poudre qui peut s'allier avec le dentifrice, sans quoi, l'un pourra nuire à l'autre.

ELIXIR CAMPHRÉ A L'EAU DE COLOGNE.

Eau de Cologne.......... 1/2 litre.
Camphre............... 60 grammes.

Faites dissoudre en le laissant bien bouché.

EAU DE BOTOT.

Anis vert................ 32 grammes
Cannelle de Ceylan........ 8 —
Girofle................... » 1/2 —
Cochenille........... ..... 2 —

Pilez le tout ensemble et faites macérer dans 1,000 grammes d'alcool à 80°. Au bout de quinze jours , filtrez, après avoir ajouté 2 grammes d'essence de menthe.

DENTIFRICE ASTRINGENT VÉGÉTAL

Esprit de vin rectifié... 1/2 litre.
Eau de Cologne........ id.
Racine de ratania...... 28 grammes.
Myrrhe en larmes...... 28 —
Clous de girofle........ 28 —

Faites macérer pendant quinze jours et filtrez.

DENTIFRICE A LA VIOLETTE.

Teinture d'iris....... » 28 centilitres.
Esprit de rose....... » 28 —

TEINTURE DE MYRRHE ET BORAX.

Esprit de vin......... » l. 13 centilitres.
Borax............... 28 grammes.
Miel................ 28 —
Myrrhe en larmes.... 28 —
Bois de santal....... 28 —

Faites dissoudre pendant quinze jours la myrrhe et le bois de santal dans une partie de l'esprit de vin qui doit être au plus de 80°. Filtrez-les ensuite, réunissez-les au reste de l'esprit de vin.

Broyez le miel et le borax ensemble dans un mortier et ajoutez peu à peu l'esprit de vin. Laissez reposer le tout et filtrez ensuite, en mettant moitié eau de Cologne et moitié esprit de vin, le parfum est meilleur.

TEINTURE DE MYRRHE A L'EAU DE COLOGNE.

Eau de Cologne...... 1 l.   13 centilitres.
Myrrhe en larmes.... 140 grammes.

Faites dissoudre quinze jours et filtrez.

On peut ajouter suivant la nécessité, à l'eau de Botot, soit du benjoin, soit de l'alun pulvérisé, soit du quinquina rouge bien pulvérisée. Je répète encore qu'il faut que le médecin juge ce qui vaut mieux pour les gencives.

Avant de parler de la poudre, parlons

de la brosse à dent, car la même brosse
ne convient pas à toutes les personnes.
Celles qui ont les gencives engorgées,
sensibles, devront préférer les brosses
douces, et dans certains cas d'ulcéra-
tion, l'éponge sera encore la meilleure
brosse pour les personnes anémiques
et chlorotiques ; pour celles qui ont les
gencives décolorées, elles devront prendre de préférence une brosse un peu
rude pour y rappeler un peu de vita-
lité, du reste, consulter encore son
médecin.

Mais il est bon pour tous de ne rien
casser avec les dents ; de les laver matin et soir avec de l'eau naturelle tiède,
et de ne pas prendre son thé, son
chocolat ou son café bouillant. Il est
encore plus mauvais de boire très-
froid, après avoir bu très-chaud. Cette
transition gâte les dents .

POUDRE DENTIFRICE AU TANNIN.

Sucre de lait...............	500 grammes.
Laque laminée............	5 —
Tannin pur...............	7 —
Essence de menthe........	10 gouttes.
— d'anis	10 —
— fleur d'oranger....	5 —

Broyez la laque avec le tannin ; ajoutez peu à peu le sucre de lait. Pulvérisez et passez le tout dans un tamis de soie à mailles un peu larges, puis ajoutez ensuite les essences.

Cette formule est tout à fait nécessaire lorsqu'on prend des ferrugineux, qui donnent généralement aux dents une coloration noire.

ELIXIR DENTIFRICE ASTRINGENT.

Alcool à 33°................	1000 grammes.
Kino vrai....................	100 —
Racine de ratanhia..........	100 —
Teinture de baume de tolu...	2 —
— de benjoin.........	2 —
Essence de menthe..........	2 —
— cannelle de Ceylan...	2 —
— d'anis.............	1 —

Faites dissoudre, l'espace de huit jours le kino et le ratanhia dans l'alcool ; filtrez, ajoutez les teintures balsamiques et les essences, filtrez de nouveau après quelques jours.

Après s'être servi de la poudre on se rincera la bouche avec une cuillerée à café de cette préparation étendue dans un demi-verre d'eau. Cette poudre et cet élixir sont de Mialle, pharmacien de l'Empereur et se prennent ensemble.

POUDRE AU QUINQUINA ET AU CHARBON.

Quinquina rouge...........	125 grammes.
Charbon végétal	125 —

POUDRE CAMPHRÉE.

Craie précipitée............	125 grammes.
Racine d'iris pulvérisée......	62 —
Camphre pulvérisé..........	30 —

Le camphre en poudre doit être mêlé avec le reste et passé dans un tamis, à cause de la volatilité du camphre, il faut mettre cette poudre dans un flacon.

POUDRE AU QUININE.

Craie précipitée.........	125	grammes.
Amidon pulvérisé.......	62	—
Poudre d'iris...........	62	—
Sulfate de quinine.......	1/2	—

Passez au tamis.

POUDRE A LA MYRRHE ET AU BORAX.

Craie précipitée.............	125	grammes.
Borax en poudre.............	62	—
Myrrhe.....................	30	—
Iris........................	30	—

POUDRE HOMÉOPATHIQUE.

Craie précipitée.............	125	grammes.
Iris en poudre..............	35	—
Amidon.....................	7	—

POUDRE TONIQUE MAURY.

Charbon végétal.............	62	grammes.
Quinquina...................	30	—
Sucre en poudre.............	62	—
Essence de menthe..........	4	—
— de cannelle.........	2	—
Teinture d'ambre...........	1	centigram.

POUDRE TONIQUE PELLETIER.

Sulfate de quinine.....	» 5	centigrammes.
Corail préparé.........	7 »	grammes.
Laque carminée........	» 10	centigrammes.
Essence de menthe.....	» 5	—

LETTRE HUITIÈME

Avant de te donner les recettes pour les lèvres, permets-moi, chère enfant, de te dire encore un mot sur la bouche qui est le trait distinctif dans la tête de l'homme, puisqu'il prend un autre nom chez les animaux.

Amara risus temperat, était inscrit sous la statue du Dieu du rire.

Si l'animal ne rit pas, c'est qu'il n'a pas besoin de tempérer comme l'homme les peines de sa vie. La bouche est donc le siége de nos émotions, de notre esprit et de notre intelligence. C'est si vrai, que pendant l'adolescence, le passage de l'enfance à la jeunesse, ce moment où les facultés se forment, la bouche reste très-souvent béante, insignifiante. Elle a quitté cette naïveté d'un charme adorable, elle n'a pas encore pris l'expression de ce qu'elle doit croire et penser.

Heureux sont ceux qui reprennent, après la connaissance du bien et du mal, une bouche naïve et franche. Ces bouches-là charment de suite celui qui les écoute, surtout lorsque la bonté spirituelle ou intelligente s'est greffée dessus, parce qu'elles ont l'expression d'une âme candide et pure comme celle des enfants.

Pour conserver cette bouche, il faut que la femme conserve sa candeur de jeune fille, je veux dire qu'elle ne lise jamais de mauvais livres. Mauvais livres qui saliraient son esprit, mauvais livres qui troubleraient sa foi, mauvais livres qui désillusionneraient son cœur.

Avec cette bouche naïve et une voix

caressante, un petit grain de volonté dans le mariage devient une force bien équilibrée pour conduire l'intérieur du ménage et le rendre heureux.

La femme devient alors à la hauteur de sa mission, car, le grand art de se faire aimer est d'imposer le respect. Si le mari devient infidèle et qu'il respecte sa femme, il se méprise, et sa femme s'élevant de plus en plus dans sa pensée, il lui devient de plus en plus soumis. Ne crois pas qu'il rougisse de cette soumission, non, tout au contraire, la mère de ses enfants prend dans son âme une place si élevée, qu'elle passe au rang des êtres supérieurs, il sent autour d'elle et de ses enfants un atmosphère sacré et si la passion lui a fait commettre des erreurs, l'amour vrai, l'amour conjugal n'a jamais failli.

N'oublier jamais que le seul homme qui aime véritablement une femme est celui qui l'épouse. Les femmes le sentent tellement que dans les amours illicites, toute maîtresse d'un homme marié envie la place de sa femme, la femme n'envie jamais celle de la maîtresse, si elle vient à la connaître.

Voilà le grand côté du mariage sans le divorce. C'est l'élévation de la femme par le vœu de fidélité respecté. L'épouse fidèle du mari infidèle laisse bien loin derrière elle la vestale antique qui restait pure à côté d'un feu dont elle ignorait les effets.

La femme chrétienne a régénéré le monde en élevant l'amour, c'est pourquoi elle inspire des sentiments extraordinaires, c'est que la plus grande de toutes les coquetteries, est de n'en point avoir.

Je ne cesserai de te répéter qu'il n'y a pas d'amour sans respect, afin que les honnêtes femmes ne cherchent pas à captiver leur mari en se servant des moyens employés par les femmes galantes. Est-ce qu'un honnête homme emploie les mêmes moyens qu'un voleur pour faire sa fortune ?

L'honneur et le vol ne s'associent pas mieux ensemble que l'amour et la galanterie.

« Aujourd'hui que la galanterie, dit La Bruyère, n'est plus qu'un libertinage auquel on a donné un nom honnête, elle est indigne d'entrer dans les liens du mariage qui est une union sainte ; il ne faut jamais l'oublier, la galanterie est une union criminelle. »

Les modes décoltées portent à la galanterie, mais jamais aux grands sentiments. En suivant l'histoire des costumes, on y trouve presque celle des mœurs. Examine bien la mode aux époques où les amours prenaient des proportions extraordinaires, et vois ensuite les pays où les femmes vont presque nues, en jupon, par exemple, tu te rendras un compte exact de l'effet que la pudeur produit sur l'homme.

Les beautés extérieures le prennent certainement, mais c'est avec celles qui sont ignorées qu'on le fixe. De là, je te le répéte, naissent ces passions folles pour des êtres qui passent inaperçus dans le monde, elles possèdent, je t'assure quelques charmes particuliers qu'on ne rencontre nulle part.

La décence est donc la coquetterie la plus raffinée, celle qui décide l'homme le plus souvent au mariage et celle qui

le captive le plus après. La tenue exagé-
rée du tête à tête n'a jamais nui à
l'amour.

En réfléchissant que la bouche et la
voix pures nous ont amenées à parler
de la décence, nous dirons je crois
avec vérité, que toutes les puretés se
tiennent par la main pour conserver la
jeunesse. Les voix d'enfants ont un
charme inexprimable ; certaines personnes conservent leur voix fraîche et
jeune très-longtemps. Crois que la vie
régulière y est pour beaucoup, de même
les lèvres qui sont tant chantées et avec
raison par les poètes, puisqu'elles sont
l'idéal de l'amour.

P. S. — Voici quelques recettes pour
les lèvres, afin de maintenir l'équilibre
entre la pureté morale que je te recommande tant et la pureté physique
que tu me demandes tant. Rien n'est plus

laid que des lèvres gercées ou échauf-
fées. Aussi faut-il quelquefois s'adresser
au médecin, si la pommade n'agit plus;
car il y a certainement inflammation
quelque part.

POMMADE A LA ROSE.

Huile à la rose............	60	grammes.
Spermaceti	14	—
Cire......................	14	—
Racine d'orcanète..........	14	—
Essence de rose............	2	—

Mettez la cire, le spermaceti, l'huile
à la rose et la racine d'orcanète dans
un vase chauffé au bain-marie; quand
ces ingrédiens sont fondus, laissez-les
macérer avec l'orcanète pendant quatre
ou cinq heures au moins, pour en ex-
traire la couleur; après, passez à tra-
vers une mousseline fine et ajoutez
l'essence de rose avant que le mélange
se refroidisse.

POMMADE BLANCHE POUR LES LÈVRES.

Huile d'amandes........ 30   grammes.
Cire.................. 7   —
Spermaceti............ 7   —
Essence de bergamotte... 1/4 de gramme.
— de géranium.... 1/2   —

POMMADE ORDINAIRE.

Graisse de saindoux........ 30 grammes.
— de rognon.......... 30   —
Racine d'orcanète.......... 14   —
Essence bergamotte........ 7   —
— géranium.......... 7   —

Quand la pommade est versée dans les pots et refroidie, on tient un fer rouge au-dessus pendant une minute ou deux, pour rendre la surface unie.

Que te dirais-je pour la voix?

Si elle s'enroue et que la cause tienne aux amygdales, gargarise-toi tous les matins avec de l'eau salée et un peu d'alun.

Si c'est la poitrine, consulte ton médecin, mais n'apporte aucune négligence dans le principe, car les vilaines voix proviennent souvent d'enrouements négligés, qui sont devenus chroniques.

LETTRE NEUVIÈME

Les yeux regardent et la bouche exprime, voilà ce que très-peu de personnes ont observé, chère enfant. Les yeux sont le miroir de ce qu'ils regardent, ils reflètent ce qu'ils écoutent mais non ce que l'âme pense. S'il en était autrement, les enfants penseraient plus que les hommes; car rien n'exprime autant qu'un regard d'enfant, et beaucoup d'humains n'atteignent pas l'expression d'un regard de chien qui veut savoir ce que son maître pense.

Pour l'enfant tout est nouveau, il regarde avec une curiosité si intense que son regard prend quelquefois l'expression profonde d'un grand diplomate. C'est un regard qui s'étonne de tout, cherche à tout s'expliquer, mais qui ne pense pas, ce qui fait que très-souvent la bouche reste béante, lorsque les yeux commencent à ne plus s'étonner de ce qu'ils voient.

Les artistes, les littérateurs, les philosophes, en un mot ceux qui font toute leur vie le métier des enfants, s'étonnant sans cesse et cherchant à s'expliquer l'humanité et la nature dans ses plus petits détails, conservent dans le regard quelque chose de naïf et de scrutateur.

Ensuite, comme les extrêmes se touchent, les êtres simples qui ne cherchent à s'expliquer aucune chose, qui croient tout ce qu'on leur dit, ont aussi ce regard qui charme et qui attire ce regard naïf des filles de campagne, surtout dans le midi.

Cela prouve qu'il ne faut jamais rester à mi-route. Perdre la candeur profonde des yeux de l'enfance et ne pas acquérir l'intelligence de la bouche, donne une figure nulle.

Écouter, donne donc un grand charme, une expression profonde aux yeux, c'est surtout lorsqu'une personne écoute que l'intelligence se développe dans son regard, c'est le seul moment où on saisit si elle comprend facilement. Lorsqu'on parle on peut avoir préparé ce que l'on dit; mais lorsqu'on écoute, l'intelligence improvise. Il y a des yeux dans lesquels on voit que la perspicacité de l'esprit finit votre phrase avant qu'elle ne soit terminée, et même des yeux dans lesquels on sent que la réponse est déjà trouvée par l'intelligence.

Ce sont ces physionomies-là qui vieillissent le moins, car plus on avance en âge, moins il faut bavarder; on ne doit parler que pour dire quelque chose. Écouter pour comparer, observer et critiquer, tient votre esprit au courant des choses de votre temps et vous met au niveau de la jeunesse qui aime qu'on l'excite à parler. — L'art de se faire aimer tient donc à la variété de la physionomie en écoutant comme en parlant. Disons aussi que ces Messieurs faisant leur philosophie et leur droit, ont acquis par des diplômes authentiques une position scientique et philosophique au-dessus de la nôtre. Les écouter, c'est leur faire croire, qu'ils n'ont pas perdu leur temps, qu'ils en savent plus que nous et qu'ils s'expriment avec avantage. C'est encore leur plaire, crois-le bien.

Pour avoir une figure nouvelle, il faut avoir aussi une intelligence toujours nouvelle, qui charme celui qui vous écoute et encore plus celui qui vous aime.

L'humanité est inconstante par nature.

Observez bien une personne que vous trouvez constante, et vous découvrirez qu'elle s'attache à des caractères qui sont toujours nouveaux. Son inconstance est satisfaite dans sa constance.

La demi-instruction égalise les hommes, c'est ce qui fait que l'ignorant reste plus fin, plus intéressant, parcequ'il n'est pas dépouillé de son naturel. Se dépouiller de l'instinct naturel ou proprement dit science naturelle, pour ne pas prendre une science acquise supérieure ; c'est changer son cheval borgne pour un aveugle.

Il ne faut donc pas s'arrêter dans la culture de son esprit, si on veut plaire. Une femme qui ne s'occupe plus que

7

de futilité et de ménage une fois mariée, devient nulle d'esprit et de corps, elle ne peut pas se renouveler pour son mari, se faire aimer. La femme nulle peut attirer les hommes vers elle, si elle est jolie ou coquette, mais elle ne sait pas les garder. Encore la coquetterie n'est-elle supportable qu'avec la jeunesse, qui n'en a même pas besoin. Une fois l'âge raisonnable arrivé, il faut un fond plus solide, il faut un cœur et un esprit cultivés. Enfin se classer dans les bontés spirituelles ou intelligentes, c'est se faire rechercher, aimer et respecter.

A l'appui de ce que j'avance, je te ferai observer que les hommes et les femmes d'élite font des conquêtes dans un âge fort avancé. Conquête d'amour et d'amitié. C'est que plaire simplement par sa beauté c'est se pré-

parer des regrets et un ennui mortel
pour le temps où la jeunesse s'en va,
sans compter, que pour remplir les in-
termèdes de la beauté pendant la jeunesse, il faut de l'esprit et des talents.

Faire trouver en soi seule, cette variété si nécessaire pour prévenir le dé-
goût, n'est pas chose si facile. Eh bien,
cet esprit, ces talents, augmentent avec
le temps, ce grand destructeur de la
beauté; de sorte qu'à mesure qu'il fait
diminuer la beauté physique, il fait
aussi augmenter la beauté morale à qui
sait bien l'employer.

Vois quel équilibre la femme peut
mettre dans l'art de plaire, en cultivant
ses facultés intellectuelles. Si la forme
de ses traits s'altère, sa physionomie le
fait oublier, surtout si cette physionomie est saine, je veux dire, si le ca-

ractère moral la domine. Rien de plus délicat que le caractère moral, rien qu'une femme ne doive plus avoir à cœur de conserver pur et sans tache. Si la candeur est la première vertu de la femme pendant sa jeunesse, on peut affirmer que c'est celle dont elle bénéficie le plus pendant sa vieillesse.

Ne crois jamais, cher enfant, les conseillers pernicieux qui vous disent : Vous regretterez de n'avoir pas profité de vos belles années. Crois-en ma vieille expérience. Le sacrifice s'accomplit au contraire pendant les premières annéés et on en récolte les joies pendant les dernières ; car la pureté est toujours de la jeunesse.

—

Pour éviter que les paupières ne deviennennent rouges et ne se rident au froid, il est bon de passer dessus un peu de cold-cream le matin. L'eau de rose qu'il contient les fortifie et le corps gras empêche l'action trop violente de l'air. Si elles se collent ensemble pendant la nuit, l'eau très-chaude est excellente avant le cold-cream.

LETTRE DIXIÈME

Je veux aussi te dire un mot de la démarche. Attachons-nous d'abord à celle qui est prosaïque, tenant simplement à la chaussure et aux soins intelligents qu'on prend de ses pieds, pour les conserver jeunes et beaux , exempts de tous les petits bobos que je ne veux même pas nommer ici. Néanmoins en cas de malheur tu trouveras des recettes au post-scriptum.

Le pied étant la partie qui nous sert de base, de point d'appui pour nous poser, nous soutenir et marcher, est un côté très-important de notre personne.

Le pied comme la main indique la race et a une très-bonne part dans l'amour que nous inspirons.

Lorsqu'on allait les pieds nus avec des sandales et des bagues aux doigts, on les soignait tous les jours comme les mains, et les parfums se répandaient dessus. Eh bien, pour la seule personne qui vous aime, et que vous aimez; il faut en agir ainsi.

Aujourd'hui que la chaussure qui les renferme et les cache tend sans cesse à les abîmer et à les déformer, il est il-logique qu'on les soigne moins, au mo-ment où ils en ont réellement plus besoin.

La chaussure est importante comme le corset, elle doit prendre exactement la forme du pied, être maintenue sur le cou-de-pied, pour éviter que les doigts ne portent tout le poids du corps ; de cette manière ils resteront droits et ne deviendront pas biscornus, comme ceux de certaines personnes qui nous les découvrent aux bains de mer sans dire : gare. Ce que je t'ai dit sur les ongles des mains, est aussi important pour ceux des pieds. L'ongle bien soigné devient une parure ; mal soigné il est une honte. En un mot on peut dire que l'ongle du pied d'une personne donne la mesure de son aristocratie physique. Il se coupe très-carré. La meilleure poudre pour les embellir se compose d'oxyde d'étain pur, parfumé avec de l'essence de lavande et coloré avec un peu de carmin. Généralement on l'applique aux ongles des mains ; mais peu de femmes sont assez coquettes de ceux de leurs pieds pour en faire usage. C'est un tort irréfléchi, impardonnable ; car toute femme sait, qu'une beauté cachée prend des proportions très-grandes pour celui qui est destiné à la voir.

Pour que les talons restent roses, il

faut le soir passer l'éponge dessus et les essuyer ensuite avec une serviette anglaise qui les brosse pour ainsi dire , enlève l'épiderme qui tend sans cesse à mourir pour former durillon. Si la peau est délicate, si elle a besoin d'être tonifiée, le jus de citron, l'eau de Cologne l'eau de lavande pure, sont d'un usage parfait, en préservant toutefois les ongles.

Si on gratte avec soin toutes les peaux que le frottement de la chaussure occasionne, il vient très-rarement des durillons qui réclament le médecin et la médecine. Souviens-toi que la chaussure est la seule cause des infirmités du pied, il n'en faut qu'une seule mal faite pour vous en affliger. Le pied bien soigné est aussi joli que la main, il est moins intelligent, mais comme il est toujours couvert, il a une peau des plus belles, des plus douces et des plus agréables : vois comme on embrasse celui des bébés, un pied de femme doit être comme celui d'un enfant.

Soigner son pied est aussi soigner la base de sa démarche et partant de sa tournure, un pied mal assuré par la souffrance fait boîter. Boîter c'est aller plus ou moins de côté, et la belle démarche est celle où la tête est portée droite et en arrière sur la colonne vertébrale et le corps porté droit et en arrière sur les hanches. Tout balancement du corps indique un défaut d'équilibre et retire toute grâce. La démarche ne doit se sentir qu'imperceptiblement à la taille, quand la hanche porte à gauche, puis à droite et la femme au repos doit toujours se tenir sur l'un ou l'autre côté. C'est une des conditions de sa nature pour s'équilibrer debout.

De tout cela il est facile de conclure qu'un petit pied doit être petit naturellement, la compression l'abîme et retire toute espèce de souplesse et de grâce à la démarche. Si les grands nez pouvaient se comprimer, s'embelliraient-ils je te le demande ?

La vraie beauté du pied se constate nue, ne jamais l'oublier, pour l'amour de la personne que vous aimez.

Cela me rappele l'effet que produisit dans le tableau de Stratonice, le bout du pied d'Antiochus Soter, couché et souffrant d'amour, Erasistrate son médecin lui tâtait le pouls, pendant que Stratonice passait. Il découvrit alors la passion de son malade pour sa belle-mère, et le père voyant l'état inquiétant de son fils consentit à les unir.

Ce tableau de M. Ingres est tout un poëme et un poëme traité avec le génie de ce grand artiste. Pourquoi le pied impressionna-t-il si vivement le public ? C'est qu'il était beau et seul découvert au milieu de cette scène amoureuse. Le pied a donc un charme séducteur.

RECETTES

P. S. Les peaux mortes qu'on a laissé s'entasser et s'installer sur l'os du gros orteil prend alors un si vilain nom, qu'une femme distinguée n'a jamais osé le prononcer. Aussi donnons bien vite le moyen de se débarasser de ce vilain mal, qui fait dit-on autant souffrir qu'il est laid. On prend un morceau d'amadou, on en taille un petit ovale, au milieu de ce petit ovale, un petit rond. On le place sur le bobo, laissant bien entendu le bobo à découvert sous le petit rond. On le fixe avec un carré de sparadrap, cela s'applique aussi au petit doigt, s'il est affligé du même mal. Mais il faut avant retirer l'inflammation en mettant le soir une compresse d'eau et d'arnica et le jour un peu de cold-cream.

Quand le bobo commence, la compresse le soir et le cold-cream le matin, par-dessus lequel on met un peu de ouatte à bijoux, suffisent. Cette ouatte est aussi excellente entre les doigts. Lorsque l'enflammation est enlevée un petit rond de papier chimique appliqué quelques jours l'empêche de revenir.

Mais toutes ces choses sont si laides qu'il faut prendre tous les soins nécessaires pour les éviter lorsqu'on a tant soit peu de coquetterie.

LETTRE ONZIÈME

Tu remarqueras, chère enfant, que toutes les recettes que je t'ai données jusqu'ici pour conserver la beauté physique, conduisent aussi à laisser une odeur saine ; car le nez ne reste jamais indifférent lorsque les yeux admirent.

Les femmes sont comme les fleurs, elles attirent par leur beauté, leurs charmes et leurs parfums, aussi elles doivent avoir comme elles, chacune leur odeur particulière.

C'est encore un art de savoir choisir le parfum qui s'allie à votre odeur naturelle, qui la soutienne lorqu'elle est fine, qui l'atténue lorsqu'elle est forte, sans néanmoins la dénaturer. Ce parfum naturel n'empêche pas d'apporter de loin en loin une odeur étrangère qui éveille l'attention du mari. Cela est simplement pour briser avec le connu et le faire regretter, car l'odorat est peut-être le plus constant des sens. Et puisque nous n'avons travaillé que pour posséder la constance en affection, soulignons cette observation. D'obser-vation en observation, nous nous étonnerons de moins en moins qu'il y ait des puissances cachées plus fortes que celles qui sont visibles et qui s'augmentent, même de leur mystère.

Le grand art est de les connaître, de les faire valoir et de les conserver.

Les bonnes odeurs émanent de fleurs si ravissantes qu'il n'est pas étonnant que l'homme ait cherché à se les assimiler depuis les époques les plus reculées.

Les parfums de l'Orient sont demeu-
rés inconnus au reste du monde pendant des siècles, Pline en place l'ori-
gine dans ces belles contrées, où de nos
jours, on considère encore comme une
preuve d'amitié et un acte d'hospitalité
d'asperger les visiteurs d'essence de
rose, ou de les parfumer de bois d'aloës
à la fin de leur visite.

Hérodote nous apprend que les femmes Scythes, broyaient elles-même sur
une pierre du bois de cyprès, du cèdre
et de l'encens ; elles y versaient ensuite
de l'eau jusqu'à ce que le tout prit la
consistance d'une pâte.

Le croirais-tu, le besoin de s'embellir est si naturel chez la femme, qu'elles
s'enduisaient le visage et les membres
de cette pâte, pendant un jour, afin de
donner de la douceur et de l'éclat à leur
peau le lendemain.

Cette composition a une odeur des plus agréables.

Les Chinois font encore abus des parfums jusqu'à se donner des spasmes voluptueux avec leurs boules odorantes. Les Égyptiens n'en séparaient pas les humains après leur mort, et tous les peuples de l'antiquité semblent avoir pratiqué le même cérémonial.

Les Grecs parfumaient non-seulement leurs personnes, en renfermant leurs vêtements dans des coffres odoriférants ; mais ils avaient encore des cassolettes qui répandaient de suaves odeurs pendant leurs repas. Ce luxe fut poussé si loin, que Solon en défendit l'usage aux Athéniens, qui en étaient arrivés à avoir une odeur particulière pour chaque partie du corps.

Enfin, souvent ils imprégnèrent d'essence des colombes, afin qu'elles répandissent leurs parfums sur eux lorsqu'elles agitaient leurs ailes au-dessus de leurs têtes.

Les boutiques de parfumeurs étaient devenues les lieux de réunion où on discutait la politique, la mode et les histoires scandaleuses. On disait : allons aux parfums, comme on dit aujourd'hui, allons au club, au café.

Les Romains tombèrent dans les mêmes excès et les dépassèrent, puisqu'ils faisaient tomber des pluies parfumées sur les acteurs et les spectateurs, et les aigles romaines étaient imprégnées des plus fines essences avant la bataille.

Socrate a vivement critiqué ces usages. « L'esclave et l'homme libre, disait-il, quand ils sont parfumés ont la même odeur. »

De nos jours les femmes du monde ont pensé la même chose en faisant de

l'extrême propreté, l'odeur aristocra-
tique.

Tu vois, chère enfant, qu'en te don-
nant des recettes pour les odeurs, je
t'en montre en même temps tous les
abus.

EAU DE PORTUGAL.

Alcool rectifié..............	1	litre.
Essence d'écorce d'orange...	50	grammes.
— de zeste de citron..	12	—
— de rose...........	2	—
— de bergamotte.....	7	—

Il faut faire attention à ne jamais
mettre ces parfums dans des flacons
humides.

EXTRAIT DE PATCHOULI.

Esprit de vin rectifié.......	1	litre.
Essence de patchouli.......	8	grammes.
— de rose...........	1 1/2	—

EXTRAIT DE VERVEINE.

Esprit de vin rectifié........	1/2	litre.
Essence de verveine de l'Inde.	5	grammes.
— d'écorce d'orange....	56	—
— d'écorce de citron...	14	—

Après avoir laissé ces substances ensemble pendant quelques heures, on filtre et on met en flacons.

VIOLETTES DES BOIS.

Extrait de violettes.......... 1/2 litre.
    —   d'iris............... 85 grammes.
    —   de cassis........... 85   —
    —   de rose............ 85   —
Essence d'amandes.......... 3 gouttes.

CONCLUSION

Après tous les conseils pour arriver à parfaire la beauté de ton corps, il faut, chère enfant, un autre petit volume (1) pour parfaire la beauté de ton âme, de ton cœur et de ton esprit. La nature physique et morale de la femme se tiennent et doivent toujours rester un mystère pour l'homme. Bien plus, il faut que la femme sache s'ignorer assez pour que l'homme puisse toujours lui dire quelque chose de nouveau lorsqu'il vient à lui parler d'elle-même.

La femme doit s'ignorer et connaître l'homme, c'est ainsi qu'elle est le chef-d'œuvre de Dieu, qu'elle l'attire vers elle, qu'elle se fait adorer, parceque

(1) Ce petit volume paraîtra après celui-ci, sous le titre *de la Beauté morale.*

l'adoration est dans le mystère. Le mari n'aime pas sa femme par A plus B. Ce n'est pas tant ce qu'il voit, que ce qu'il suppose qui le séduit.

Eh bien aucune femme n'arrive à cette adoration mystérieuse comme la femme vraiment religieuse.

Ma grand'mère, ton arrière grand'mère quoique élevée à l'école de d'Alembert et de Diderot, ses amis, avait conservé toute la pureté de sa foi chrétienne. Elle me disait toujours : « jamais
« on ne détruira le sentiment religieux
« chez la femme ; parceque pour la pas-
« sionner il faut qu'un peu d'illusion
« se mêle à la vérité. La réalité seule
« est trop froide, il lui faut des vertus
« plus grandes que nature. C'est son
« attrait et sa force d'aspirer plus haut
« qu'elle ne peut monter ; car, c'est seu-
« lement lorsque la femme ne trouvè

« rien d'élevé, de grand dans l'homme,
« qu'elle cherche à l'asservir. La femme
« ne peut qu'estimer très-haut son
« maître, ou le mépriser. »

Je sais combien elle a été adorée et aimée de son mari, de ses enfants et de tous les hommes célèbres de son époque, que sans coquetterie, elle a su plaire ; sans pruderie, être sage ; sans méchanceté, être spirituelle ; sans grande fortune, être riche ; sans chercher la gloire, elle l'a trouvée ; et sans regret, elle a su vieillir..

C'est qu'elle savait qu'en avançant dans la vie, tous les amours vous échappent un à un en se succédant.

L'amour conjugal succède à l'amour filial, puis arrive l'amour maternel qui donne toujours et reçoit de moins en moins. Alors, le vide s'opère petit à petit dans ce cœur créé pour aimer. Si la femme ne se prépare pas à cet isolement, elle s'attriste et s'éteint.

Pour parer à l'abandon de ces trois amours, il y en a trois autres qu'il faut avoir et qui ne vous quittent jamais. L'amour des arts et des sciences, l'amour de ses semblables, l'amour de Dieu.

Dans une âme bien ordonnée à mesure que les trois premiers s'éteignent, les trois derniers s'enflamment; car la vie est une longue route à traverser avec toute l'humanité où chaque homme est relié à son voisin par l'amour.

P. S. Après cette conclusion, qu'ai-je mieux à faire que de te donner le conseil de t'associer à la Corporation des Abeilles que je viens de fonder ?

Si l'amour de son semblable a une juste appréciation, c'est bien dans cette Association où la même éducation, la même instruction, les mêmes habitudes réunissent les femmes qui ont avec celles qui n'ont pas.

Les Abeilles patronesses recommandent les Abeilles travailleuses, achètent leurs œuvres, font des lots pour la vente de l'Association, apportent leurs économies et s'occupent avec leurs amies de la publicité.

C'est l'image fidèle d'une vraie ruche.

Aussi cette Œuvre va-t-elle droit au cœur des hommes d'élite qui consacrent leurs bras et leur intelligence à la gloire, à la prospérité du pays et qui font rarement fortune. Fonctionnaires, littérateurs, artistes, militaires, inventeurs, etc., tous donnent tous les jours à la Corporation la preuve de leur sympathie.

Le Docteur FEBRER, 83, rue Neuve-des Champs, donne gratuitement des consultations aux Abeilles.

Nota. — On trouve à la Corporation

des Abeilles , toutes les pommades , huiles, eaux et essences, dont les recettes sont indiquées dans cet ouvrage.

Pendant que la Fondatrice a écrit ce petit volume, des Abeilles se sont mises à l'œuvre afin d'apporter leurs résultats à la ruche et se créer ainsi un nouveau moyen d'existence. — Nous ajoutons qu'elles vendent très-bon marché et toujours à prix fixe.

Nous ajoutons encore que les personnes bienfaisantes qui achètent à la corporation pour les ventes et loteries de charité, font deux bonnes œuvres à la fois. On ne paie que les objets vendus.

On n'expédie en province que sur la recommandation des autorités , pour toute œuvre de bienfaisance.

CORPORATION DES ABEILLES

4, RUE DE LA PAIX, A L'ENTRESOL.

La Corporation des Abeilles est l'Association des femmes qui veulent travailler, et vendre leurs œuvres *incognito*.

Le but de la Fondatrice Directrice générale a été de venir en aide à toutes celles qui ont besoin de se créer des ressources en travaillant, mais qui, par leur position sociale, se trouvent placées en dehors des conditions ordinaires de la production et du commerce.

C'est dans le travail fécondé par l'Association que la femme doit trouver son indépendance matérielle et sa dignité morale. Tel est le principe de la *Corporation des Abeilles* : une force dans l'Association, une Noblesse dans le travail.

Les ouvrages déposés s'acceptent sous un même nom de famille, qui est celui des *Abeilles*, et se vendent sous le numéro d'inscription du brevet, avec le prix fixe, que l'on peut toujours vérifier sur le livre d'entrée.

La Directrice les reçoit tous les jours, de une à deux heures; et en fait la vente toute la journée (excepté le dimanche).

Les *Abeilles* reçoivent le prix des ouvrages vendus le jeudi de 9 h. à 11 h., excepté pendant les vacances du trésorier.

Une salle est réservée pour recevoir les *Abeilles*.

OBJETS EN VENTE

Guipures de toute espèce.
Rideaux, Couvre-pieds.
Nappes, Serviettes élégantes.
Taies d'oreillers, etc.
Lingerie pour femmes et enfants.
Costumes d'Enfants, Layettes élégantes, etc.
Fichus, Pélisses et Bonnets.
Mouchoirs élégants,   id.   d'Algérie.
Tricots variés de campagne.
Objets de bains de mer.
Fleurs très-fines et d'appartement.
Poupées originales.
Tapisseries, modèles originaux.
Application d'étoffes sur étoffes, id.
    Id.   en perles.
Coussins de toute espèce.
Abat-jours, Pelotes.
Sacs-à-tabac, Porte-cigares, Bourses, etc.
Ceintures, Colliers à la mode, etc.
Tous objets de fantaisie de Paris et d'Algérie.

ART INDUSTRIEL

Peintures sur porcelaines et faïence.
Services de table.

Vases et Plats d'ornements, etc.
Tableaux, Plaques.

ARTS ET LITTÉRATURE

Copies d'après les maîtres, peintes à l'huile, à l'aquarelle, au pastel.
Modèles de dessins ombrés choisis à la calcographie pour la méthode Cavé, avec vérificateurs brevetés approuvés par l'Instruction publique.
Méthodes de lecture, d'écriture, de dessin de couleur.
Livres d'éducation et d'amusements faits par les femmes.
Copistes pour les hommes d'affaires et les auteurs.

Une salle est spécialement réservée aux cours et aux copistes.

Cours de dessin, méthode Cavé : quelques leçons suffisent aux Mères de famille, aux Institutrices, pour enseigner à dessiner. — Cours de musique vocale et instrumentale. — Cours de littérature.

Enfin, toutes les femmes qui veulent travailler, professer, trouvent dans l'Association des facilités pour se faire connaître et parvenir.

La Corporation prend toutes les commandes, et donne des adresses de Professeurs et d'Institutrices.

La Corporation se charge de fournir les objets indiqués ci-dessus, pour les ventes de charité à Paris et en province; on ne paye que les objets vendus.

La vente augmente tous les jours, ce qui

prouve que tout y est de bon goût et bon marché. Nous ne cesserons de répéter que ce ne sont pas des ventes de charité. C'est une vente permanente à prix fixe, organisée d'une manière tout à fait régulière et commerciale. Les *Abeilles* vendent plutôt au-dessous qu'au-dessus du cours ordinaire. C'est leur Association qui fait leur force.

Nota. — On peut prendre connaissance, au siége de la Corporation, du brevet, du règlement, ainsi que de la liste des Dames Patronesses et de Messieurs les membres du Conseil. L'Association primitivement a été constituée pour Paris.

Elle reçoit directement aujourd'hui, les travaux des *Abeilles* de la province avec lesquelles elle est en correspondance. La gérante ne reçoit objets et lettres, que *franc de port*, après avoir expliqué aux Abeilles ce qu'elles ont à faire pour faire partie de l'Association.

FIN.

TABLE DES MATIÈRES

Le Mans. — Typ. Beauvais, place Halles.